Dirección editorial: Raquel López Varela
Coordinación editorial: Ana María García Alonso
Maquetación: Susana Diez González

© del texto, Alfredo Gómez Cerdá
© de la ilustración, Paz Rodero García
© EDITORIAL EVEREST, S. A.
Carretera León-La Coruña, km. 5 - LEÓN
ISBN: 978-84-241-3678-9
Depósito Legal: LE. 1701-2008
Printed in Spain - Impreso en España

EDITORIAL EVERGRÁFICAS, S. L.
Carretera León-La Coruña, km. 5
LEÓN (España)
Atención al cliente: 902 123 400
www.everest.es

Pigacín y los grandullones

Pigacín y los grandullones

Alfredo Gómez Cerdá

Ilustrado por **Paz Rodero**

everest

El pequeño Pigacín notó que algo se movía muy cerca.

Asustado, comenzó a mover las aletas con todas sus fuerzas y se alejó de allí. Solo cuando se sintió seguro, se tomó un respiro y volvió la cabeza.

—¡Algas! —exclamó decepcionado—. ¡Cómo he podido asustarme de unas simples algas!

Avergonzado, miró a su alrededor para comprobar que nadie le había visto huir de unas algas.

Pensó Pigacín que era un miedoso, pues
cualquier cosa le asustaba. Lo atribuyó a su
pequeño tamaño.

—Soy miedoso porque soy pequeño
—razonó—. ¡Si fuera grande no tendría
miedo a nada!

Entonces se cruzó con Alfonso, que era un
pez larguirucho, con dos aletas ventrales de
gran tamaño.

—¿Qué te pasa, Pigacín? —le preguntó
Alfonso—. Te veo un poco pálido.

—Se movieron unas algas y me asusté
—reconoció Pigacín.

—¡Unas algas! —rió Alfonso—. ¡Cómo
puedes asustarte de unas algas!

Pero, de repente, la sonrisa se heló en la cara
de Alfonso, que se puso más pálida de lo que
estaba la de Pigacín.

—¡Me voy pitando! —gritó, y se marchó
como si hubiera visto a un fantasma.

Enseguida Pigacín comprendió por qué se
había marchado Alfonso. Él no tenía miedo a
las algas, pero si a Leopoldo.

¡Menudo pez era Leopoldo!

Además de su tamaño, que doblaba al de
Alfonso, tenía unas espinas muy afiladas en su
dorso y una cara de muy pocos amigos.

—Hola, Pigacín.

—Hola, Leopoldo.

—Te noto cara de preocupación.

—Me preocupa ser un miedoso. Me asusta hasta el movimiento de las algas.

—¡Algas! ¡Cómo pueden asustarte las algas! ¡Qué cosas dices, Pigacín!

   A Leopoldo apenas le dio tiempo a terminar
la frase, pues vio acercarse algo y desapareció a
gran velocidad.

   —Hola, Pigacín.

   —Hola, Carmina.

   Carmina había aumentado mucho de tamaño
desde la última vez que la vio. Además, su boca,
llena de afilados dientes, era de las que quitaban
el hipo.

   —¿Te ocurre algo, Pigacín?

   —Nada, salvo que soy un miedoso.

   —¿Miedoso?

—Yo creo que
la culpa es de mi
tamaño. Como soy
tan pequeño... me asusto
hasta de las algas.

—¿De las algas? —se extrañó
Carmina—. Nunca había conocido a
alguien que se asustara de las algas.

De pronto, una antena que llevaba Carmina entre
los ojos comenzó a moverse y ella miró nerviosa a
un lado y a otro. Su cara se llenó de preocupación.

—¡Tengo que irme! —dijo, y salió disparada.

Y no tardó mucho tiempo Pigacín en
descubrir el motivo de la huida de Carmina. El
motivo se llamaba Doroteo.

¡Qué tamaño el de Doroteo!

Pigacín hizo unos cálculos y pensó que
Doroteo era por lo menos treinta veces más
grande que él. Además, presumía de tener una
cola fuerte y poderosa, rematada por una aleta

enorme, que le ayudaba a
nadar muy deprisa.

—Hola, Doroteo.

—Hola, Pigacín. ¿En qué estás pensando?

—En lo grande que eres y en que seguro que
no te asustan las algas.

—¿Las algas? ¿Hay alguien a quien le asusten
las algas?

Pigacín no se atrevió a confesarle que poco
antes unas simples algas le habían dado un susto
de muerte.

—Seguro que a ti nada te da miedo —le dijo
Pigacín.

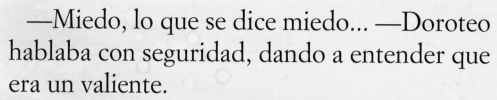

—Miedo, lo que se dice miedo... —Doroteo hablaba con seguridad, dando a entender que era un valiente.

—Claro, como eres tan grande... Pero yo, que soy tan pequeño...

Pigacín quería explicarle algunas cosas a Doroteo a propósito de su tamaño, pero no tuvo tiempo. Doroteo comenzó a dar vueltas sobre sí mismo, provocando un auténtico remolino, y se marchó a toda velocidad de allí.

A Pigacín le costó trabajo salir del remolino. Y cuando se repuso un poco descubrió la causa de la actitud de Doroteo.

La causa se llamaba Guadalupe. Guadalupe no solo doblaba en tamaño a Doroteo, sino que tenía una boca descomunal. Además, la llevaba abierta a todas horas.

¡Qué cantidad de dientes! ¡Y qué afilados! El fondo de su boca parecía una cueva tenebrosa.

Pigacín procuró mantenerse a distancia de Guadalupe.

—Hola, Guadalupe.

—Hola, Pigacín.

—Si no te ríes de mí, te confesaré un secreto.

—No me reiré. Como siempre llevo la boca abierta, no me puedo reír.

—Pues... me asusté de unas algas. Si fuera como tú, no tendría miedo a nada.

—¡Algas! —también se sorprendió Guadalupe.

Pero su sorpresa duró poco, porque de repente se contrajo sobre sí misma y luego se estiró con violencia.

Hizo esta maniobra para impulsarse y salir disparada de allí.

Josete era el causante del pánico de Guadalupe. Y no era para menos, pues tenía fama de ser un verdadero tragón. Su apetito nunca se saciaba, cosa lógica y natural viendo su tamaño.

Pigacín quiso calcular cuántas veces cabría él en el corpachón de Josete, pero la operación le resultó muy complicada.

Además de tragón, siempre estaba de mal humor y tenía fama de pendenciero. Por eso, todos los peces echaban a correr en cuanto lo veían.

Pigacín iba a saludarlo, como a los demás, pero al final prefirió pasar de largo. Estaba seguro de que, aunque Josete no se asustase por unas algas, habría alguien más grande que él que también lo asustaría.

Entonces llegó a la conclusión de que solo un animal marino no tendría miedo a nada, y este animal tendría que ser el más grande de todos: la ballena.

Por eso se fue en busca de Rosalía, la ballena más grande que surcaba los mares.

—Hola, Rosalía.

—Hola, Pigacín.

—Hace un rato me asustaron unas algas que se movían. Si fuera tan grande como tú no tendría miedo a nada.

Pigacín observó detenidamente a Rosalía. Para poderla abarcar con la mirada tenía que retirarse a una buena distancia. Era tan grande que casi se la podía confundir con una isla.

Pensó que era una suerte tener ese tamaño.

Pero, de pronto, Rosalía comenzó a inquietarse. Sus movimientos delataban que algo le estaba poniendo nerviosa.

—Mi sónar ha captado una señal de peligro —le explicó Rosalía.

—No puede existir ningún peligro para alguien tan grande como tú —le respondió Pigacín.

Rosalía no siguió hablando. El miedo también se había apoderado de ella. Salió un momento a la superficie, respiró profundamente y luego se sumergió, buscando protección en el fondo.

Pigacín estaba desconcertado. ¿Qué podía asustar a Rosalía? Tomó impulso y, con todas sus fuerzas, nadó hacia la superficie. Una vez allí, dio un saltó y salió durante unos segundos del agua.

Tuvo tiempo de ver un barco grande lleno de seres humanos.

Eso había causado el pánico de Rosalía.

¡Humanos!

Mientras volvía a las profundidades, Pigacín pensaba que los humanos también tendrían miedo a alguna cosa. Estaba seguro.

¿Entonces...?

—Si todos los seres vivos del planeta tienen miedo a algo, ¿por qué yo iba a ser diferente? —dijo en voz alta.

Luego, sonrió y guiñó un ojo a unas algas que, arrastradas por la corriente, habían comenzado a moverse.